Christine Beigel

Hervé Le Goff

Le Mouton qui n'arrivait pas à s'endormir

« J'arrive pas à dormir, Mamie Poule !
– Moi non plus, Mamie.
– Pas de panique, les enfants.
Un mouton que je connais, qui n'arrivait pas à s'endormir, a trouvé la solution.
Il suffit de compter les éléphants... »

Vous voyez le mouton à côté de la barrière, au milieu du champ ?
Il attend le premier éléphant, le champion de saut.
Ah ! Je crois qu'il arrive, vous entendez ?

Poum papoum...

Le voilà... Où ça ? Tout là-bas.
Il n'a l'air de rien au loin,
mais c'est un géant.
Patience, vous allez voir.

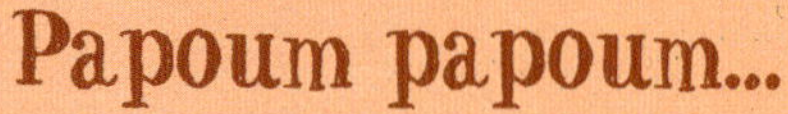

Papoum papoum...

Ce n'est pas parce qu'on est lourd
qu'on ne peut pas sauter haut.
Vous n'imaginez même pas les figures
que ce champion peut exécuter.

Moi, je l'ai vu faire le grand écart, si, si.
Il ne saute pas, il vole, léger, léger.
Regardez, ça y est :
admirez un peu sa grâce !

Papoum padère !

Il passe la barrière.
« 1 ! » compte le mouton.

Le deuxième éléphant arrive,

poum papoum...

Plus petit, plus léger, il devrait aller plus vite
que le premier, mais il va plus lentement.
Il a toujours un petit problème, le deuxième.
Sinon, il serait premier.

Là, le problème, c'est son pyjama.
En sautant, devinez quoi ? Gagné !
Il le perd, son pyjama.

Papoum padère !

Ouf, tout juste passé.
« 2 ! » compte le mouton.

Le dernier des éléphants est tout petit,
mais c'est un grand rêveur.
Il a toujours la trompe dans les nuages.
Du coup, il se fait des croche-pattes.
Ou bien il s'arrête pour sentir une fleur,
dire bonjour, jouer avec un papillon...
Que se passera-t-il cette fois-ci à votre avis ?

Poum papoum papoum pa...

Stop. Il s’assied juste devant la barrière.

« **Saute !** commande le mouton.

– Nan.

– **Saute,** te dis-je.

– Veux pas.

– **Saute !** » l’encouragent les animaux venus aider le mouton.

Il y a un taureau, un escargot, un asticot, un croco et un hippopo.

L'hippopo, le croco, l'asticot, l'escargot et le taureau
se mettent à pousser, pousser le popotin de l'éléphant...
Rien, il ne veut plus bouger.
« Sauterai pas, nanana, veux pas le faire, nananère !
– **A-llez, allez-allez-allez...** »

Il y a un de ces mondes tout à coup !
On chante, on applaudit, on crie, on siffle,
on souffle, fort, très fort, on ne sait jamais,
l'éléphant pourrait décoller... Non. Toujours rien.

Alors, le mouton chuchote un nom
dans l'oreille de l'éléphant.
Un seul nom. Lequel ?
N'insistez pas, je ne dirai rien.
Ce qui compte, c'est le résultat.

**Padapoum
padablam
padère !**

Ouille le derrière,
youpi la barrière, passée.
« 3 ! crie le mouton.
– **Ah !** » soupirent tous les animaux,
juste avant de tomber
dans un sommeil profond.

« Mais alors, Mamie Poule, on ne compte que jusqu'à trois ?

– Pourquoi compter plus loin ? 1, 2, 3, sommeil !

– Et le nom chuchoté par le mouton, c'était celui d'une souris ?

– **Pô pô pô !** Il y a belle lurette
que les éléphants ne craignent plus les souris.
C'était... approchez, que personne d'autre n'entende...
C'était moi, voilà. À demain, mes petits marsouins. »

Et si vous n'êtes pas encore tombés de sommeil, Mamie Poule raconte aussi...

La Vache qui voulait éteindre la lune

Le Pingouin qui avait froid aux pattes

Le Lion qui disait toujours non !

L'Hippopotame qui avait le hoquet

La Souris qui rêvait de rencontrer le Père Noël

L'Ours qui voulait son doudou

Le Canari qui faisait pipi au nid

Le Crocodile qui avait peur de l'eau

Le Koala qui disait des gros mots

Le Zèbre qui ne voulait pas aller à l'école

Le Loup qui aimait trop les bonbons

Le Panda qui avait des poux

Le Caméléon qui cherchait sa maman

Le Boa qui avait très très faim

Le Paresseux qui rêvait d'être une star

La Girafe qui ne voulait pas se laver

Le Crapaud qui refusait de se lever tôt

En attendant, si vous n'aimez pas compter les éléphants,
remplacez-les par vos parents :

Papa, maman
Un, deux, dormez !
Mamie le veut.

Directeur : Sarah Kœgler-Jacquet
Direction éditoriale : Brigitte Leblanc
Édition : Nathalie Marcus, assistée d'Alix de Saint Albin
Artistique : Solène Lavand
Mise en pages : Nicolas Galy
Fabrication : Virginie Vassart-Cugini
Lecture-correction : Myriam Blanc

58, rue Jean Bleuzen – CS 70007 – 92178 Vanves
ISBN : 978-2-01-393634-7
Achevé d'imprimer en juillet 2017.
Dépôt légal : mars 2012 – édition 09.
Loi n°49-956 du 16 juillet 1949
sur les publications destinées à la jeunesse.
Imprimé en France par Pollina - 81290.